クリスタルと仲良くなる方法

FUMITO

CRYSTAL BOOK

徳間書店

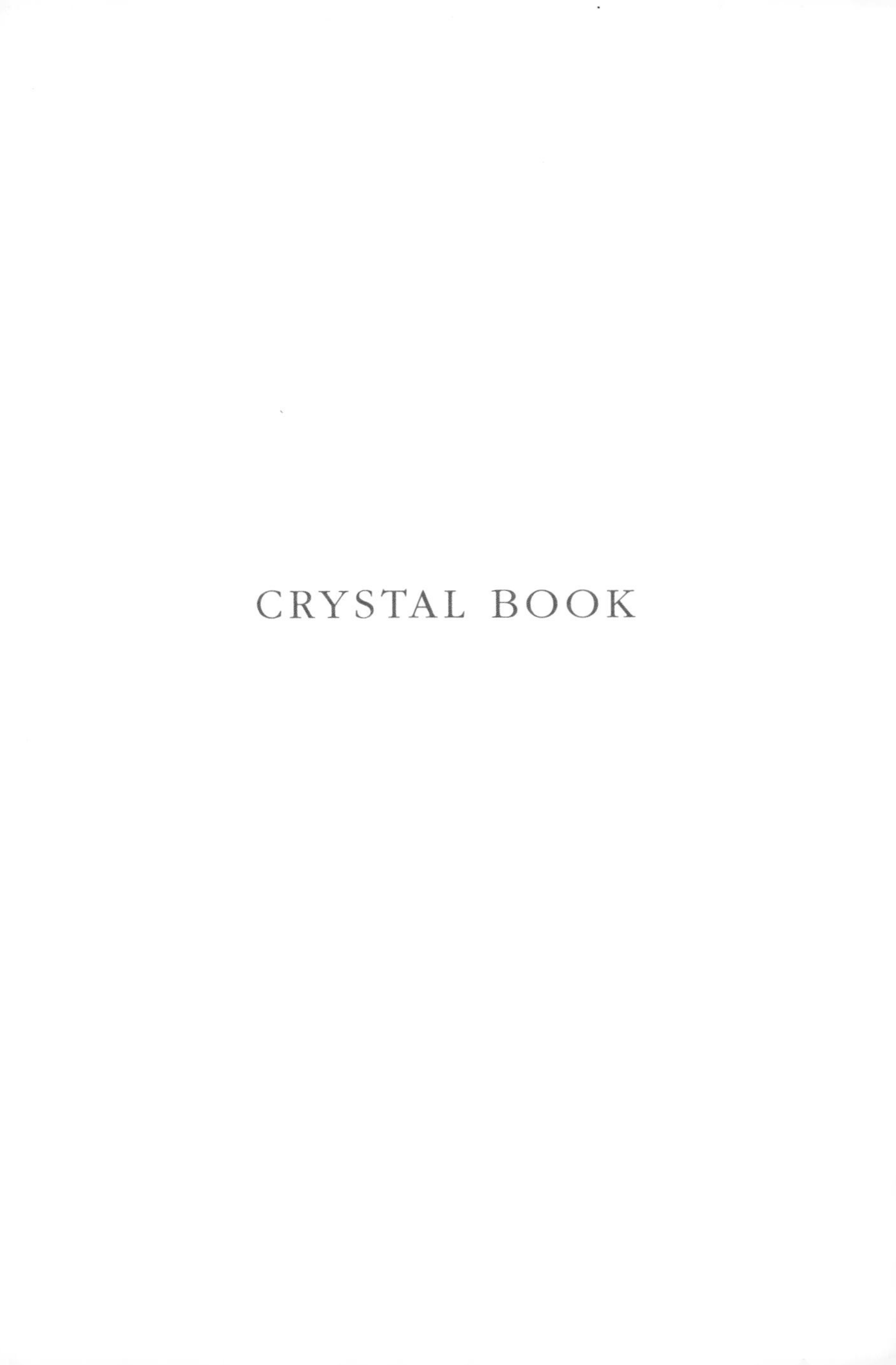
CRYSTAL BOOK

ヒマラヤクリスタル

人類の歴史を振り返ってみると、
クリスタルの神秘的な歴史は、
じつにはるか何万年前にまで
さかのぼることになります。
そのような膨大な歴史を経たクリスタルを今、
私たちは受けつぎ、 手にしています。

古代の人は、クリスタルの力を知っていました。
病気やけがを癒す力、敵を撃退する力、
兵士を戦場で守る力、
さらには士気を鼓舞(こぶ)する力さえあると
信じられてきたのです。
意思を実現していくかたわらに、
いつもクリスタルがありました。

カテドラルクォーツ

ヴォーゲルワンド

ぜひあなたもクリスタルの意識に触れて、感じ、
そして自分自身の内側と、
さらに奥深く続く意識の根源とつながり、
新たな意識で、
今を楽しむきっかけにしてください。

本書は、クリスタルのエネルギーが放つ
光の写真をたくさん載せています。
見て想像を膨らませ、直感で味わってみてください。
クリスタルと光の写真を、深呼吸をしながら、
好きなように見て、感じてください。

レムリアンシード（スフィア）

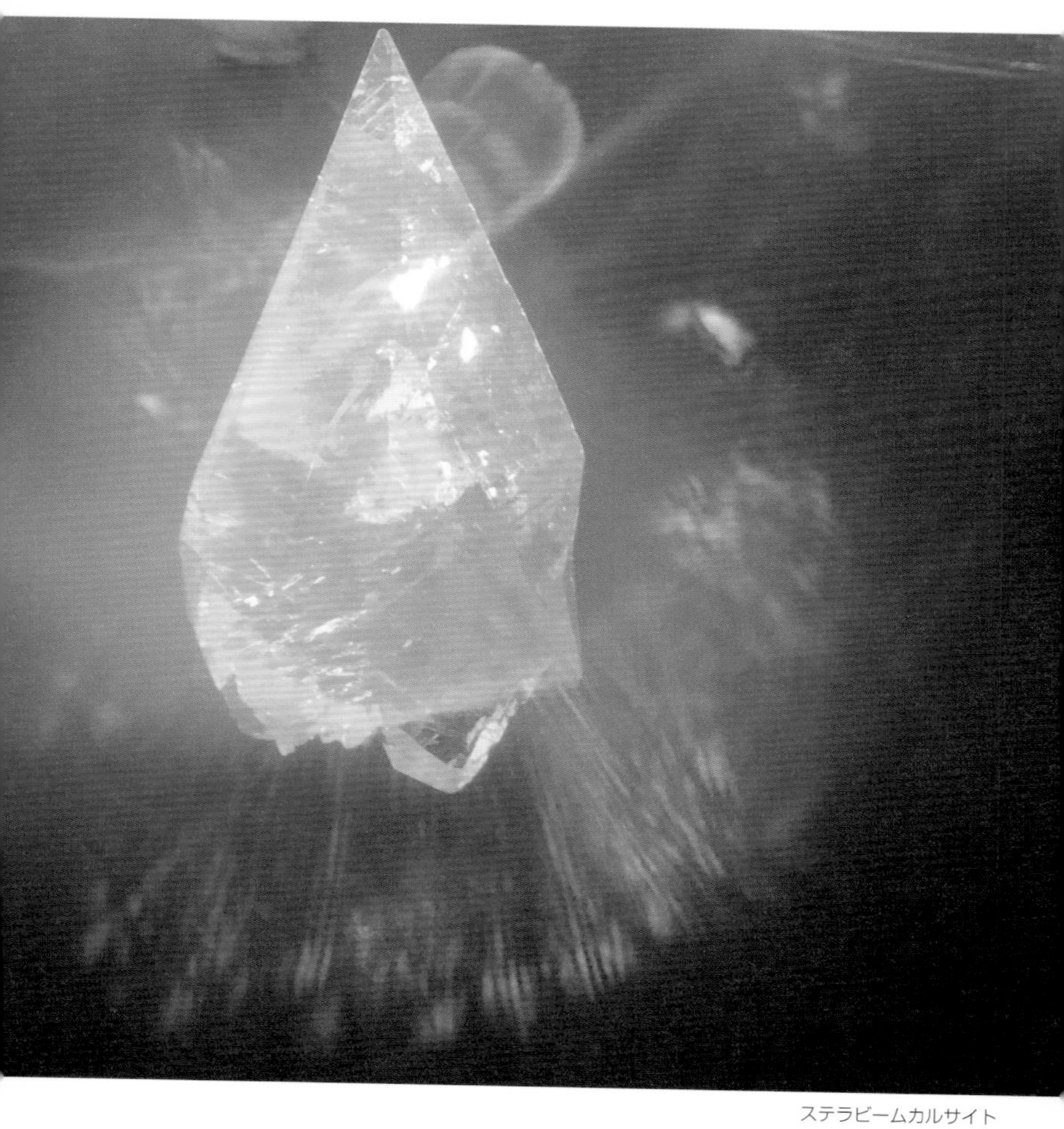

ステラビームカルサイト

C R Y S T A L

はじめに　Introduction

クリスタルと仲良くなる方法

この本を手にしてくださってありがとうございます。

クリスタル、石、鉱物、パワーストーン……いろいろな言い方がありますが、みなさん、石の魅力を感じていらっしゃることと思います。部屋に飾ったり、アクセサリーにしたり、思い思いの使い方をされていて楽しまれていることでしょう。

けれど、気にはなっているもののどう使っていいのかわからないという方や、実際持っていてもうまく使えているのかわからないという人も多いと思います。

本書はそんな方のために、「クリスタルを楽しく使う」から、「仲良くしていく方法」を、私なりに感じたことをお伝えしたく綴(つづ)った本です。

私にとっては、クリスタルはひとえに歓喜を与えてくれる創造の源です。

それは、多様なイマジネーションをさせてくれ、愛と勇気と希望を見させてくれるような経験をたくさんしたからです。


大切なことをお話ししたいと思います。

クリスタルは何千、何万年という時を経て、自然のエネルギーと共に形成された生きている結晶です。

この世の中で、もしクリスタルを手にするとしたら、新たな誰かと出会うような、一期一会の瞬間であると私は感じています。

クリスタルを手にしたら、初めて会う方と挨拶を交わすように、「こんにちは」と、心の中で挨拶をし、手にしているクリスタルに興味を持ち、どんな感じのクリスタルなんだろう……と、能動的に感じにいくのです。

そして、出会えたことに感謝し、そのクリスタルに興味を持ち、そのクリスタルを心で知り、信じて、愛することが、この人生に奇跡ともいうべきことが次々と起こる入口となります。

クリスタルと向き合うのに固定概念はいりません。

必要なことは、クリスタルが放つエネルギーと、あなたの内側で感じる心が共鳴すること、それによって、感受性が豊かになり、無限の想像を創造することができるのです。

あなたの心の力と合わさり共鳴したときこそ、クリスタルは想像以上に頼れるあなたの親友となるでしょう。

そして、その秘められた力は、あなた自身の心からの信頼によって決定されるでしょう。

大いに、この時代に出会うクリスタルと共に楽しみましょう。

アメジストドーム

クリスタルと出会い、直感した共鳴の世界

私とクリスタルとの出会いは、パートナーのＬＩＣＡちゃんから一つのクリスタルをもらったことから始まりました。

手にした時期は、まだ会社員として、ファッションショーの演出家として仕事をし、時にパリコレにも行っていました。

私は、ショーの本番日には、決まってお守りだと思って必ずポケットの中に入れ、今から本番が始まるというとき、クリスタルを握って、「この本番も最高のショーになるよう、よろしくね」と言ってスタートするということをやっていました。

ある日、ショーの打ち合わせやリハーサルをやってクタクタになってホテルに戻りました。すぐにお風呂に入ろうと、ポケットの中のクリスタルを洗面台の上にポッと置き、顔を洗い始めた瞬間に、そのクリスタルがパーンと上から落ちてきたんです！

それでクリスタルがバキンと欠けてしまいました。

もうショックでショックで落ち込んで、そのあと、クリスタルに申しわけないと思って、「ごめん、ごめん」と言いながら握りしめ、一緒にお風呂に入ったんです。そうしたら、なんだか、今まで以上に、親近感が湧き、とっても愛おしくなってきて、よし、このまま一緒に寝よう、みたいになりました（笑）。

そのとき、私は直感的にわかったんです。

あー、これが心に感じるクリスタルとの付き合い方なんだなと――。

そこからいろいろな夢を見たり、感じるようになりました。

そして、毎日握りしめて朝には、「おはよー」と挨拶したり、毎日声を掛け、毎日、微笑んだりと、意識的な交流を自然とするようになりました。

そんな日々を送っていたとき、クリスタルに自分の心の思いを伝えることをしていたのです。いわゆる本音です。ポケットに手を入れて、握りながら嬉しいこと、悔しいこと、不安なこと、楽しいこと、すべて今、心の感じるままに、ずっとです。

たとえるなら、携帯電話を常に持っているのと同じくらい、半年くらいですかね……

触って握っていました。

すると、いつでもどこでもクリスタルが手元になくても、イマジネーションで、形や感覚を思い浮かべクリスタルを呼び込むと……自分とつながる（共鳴）ことがわかってきたんです。

このクリスタルとの共振共鳴で、ものすごく自分の中で大きく意識が広がってきたんです。毎日握りながら見る夢は壮大で想像を掻き立てられ、毎日クリスタルを握る自分の心は揺るぎなく信頼を持ち、今までになかった感覚をクリスタルを通して、感じられるようになりました。

たとえば私の場合、現実で何かが起こって、怒りや焦りなど感情が湧いたとして、そのとき、クリスタルを握ったら、クリスタルは「まあまあ、落ち着いて」とか「大丈夫、大丈夫」などの感覚を送ってきてくれます。

また、一つ、大きな出来事があったんです。

それは、海外に行ったときです。

今も大事にしている、私にとって初めてのクリスタルです。

買い物をして、カフェで休憩を取り、次の目的地に向かい車で30分くらいの場所に到着してから、気づいたのです……。

私のバッグが無いのです。

私は、一瞬にして、顔面蒼白になりました。

なぜならば、パスポート、国際免許証、現金などすべてが入っているバッグだったからです……（汗）

しかも、大のお気に入りのクリスタルたちも入っていたのです。


私は、深呼吸をして自分の不安と心配が湧いてくる中、クリスタルを呼び込もう……と思い、クリスタルをいつも握っている感覚、クリスタルにいつも言っている口調で、問いかけてみました。

「バッグを忘れてきた……」と心の中で伝えると、間髪入れずに、絶対感の感覚で「大丈夫、ここに居る」と、言ってくれている気がして、自分の感情が、不安から、安心に変わったのです。

不思議なくらい感情が変化していきました。不安から安心へと、感情の波が、逆転しているような感じになり、その後私は、先ほどのカフェに戻ったのです。

その間、行き帰りを合わせて約1時間も経ている席に、そのまんま誰もその席には座らずに、バッグがポンと置いてあったのです。

私は、クリスタルを出して、「ありがとう！」と、声を出して言っちゃいました。

信じる思いは、本当に人生を豊かにし、魔法がかかったかのように、面白いことがたくさん起きます。

クリスタルを通して時空を超える感覚に

そうした体験が重なって、クリスタルと共にいれば、何があっても大丈夫という大きな安心感につながっていきました。

環境によって異なりますが、クリスタルは1ミリ形成するのにおおよそ100年～300年経ていると鉱物学的にも言われています。

ということは、手のひらサイズだとしても、すごい年月を経ていますよね。

私は瞑想をするのですが、その際にも、クリスタルと共にいます。

少し大きめのクリスタルと共に、何万年も経た、その叡智(えいち)を今、手に触れている……と感じたときに、時空を超えて、この世界を手にしているのと同じくらいの感覚をおぼえます。

物事に対する捉え方がグーンと引いていくんです。

意識がどんどん上昇して地球を宇宙から眺めているような、空間的に引いた感覚になったと思えば、果てしなく広大で、すべてが一つである感覚になったことも何度もあります。

クリスタルを通して、今、自身の心が抱いている認識を覆すほど開放的で、自由で、豊かで、私自身の人生において、すばらしい経験をしていることを教えてもらっているような気分です。

ぜひクリスタルをお持ちの方は手に取って、この仙人のようなクリスタルを通して、味わってみてください。

東日本大震災のときに経験したクリスタルへの信頼

2011年3月11日、忘れもしない大地震。

いつものようにクリスタルをポケットに忍ばせ仕事をしていました。

東京コレクション前の打ち合わせで、汐留のコンラッド東京28階のバーラウンジにいました。アンゴラ共和国のデザイナーと28階に上がり、窓際にデザイナーは立ち、「日本のテクノロジーは本当にすばらしい」と絶賛していた矢先に、大きな揺れが始まりました。


グラーッと大きく揺れ、バーラウンジのグラスやお酒が大きな音を立てて落ちて割れていき、けたたましい声と共にフロアー全体の人々がおびえ始めたのです。

私は衝動的に、ポケットに手を入れ、クリスタルを握っていました。

すると間髪入れずに**「絶対に大丈夫だ」**と、クリスタルが言ってくれていると直感しました。

28階の窓ガラスが割れるのではないかと思うくらい、ガラスはミシミシと音を立て、立っていられないほど建物は揺れ、眺める景色の先には、大きな黒い煙が立っていて、周りは、パニックになっていましたが、それでも、私はクリスタルを握りながら、とても深いところにつながっているような感じでした。

もし、ここで命がなくなったとしても、これも人生の流れであり、生きているとしても人生の流れだと、すごく冷静でいることができていました。

私の感情は、恐怖から絶対に大丈夫だと、変化していくのを感じたのです。

「私の心は大丈夫だ！」と言っているような感じでした。

胸をなでおろし隣を見ると、アンゴラ人のデザイナーが神に祈りを始め、その後に「神は、大丈夫だと、言っている！」と、言い放っていました。

そんな彼と私は、「おー！　そうだよ！　大丈夫だよ！」と、ハグをしあったことを忘れません。

大きな地震や天変地異のようなことは、クリスタルは、何度も何度も経験している。だから、何があっても大丈夫だという感覚を、常識的な考えを超えて、心に伝えてくれていたように思います。

まさに、信じる心は常識を覆し、鋼の精神を創り出してくれる。

この経験から、より深く私はクリスタルへの信頼を持つようになりました。

持っているだけでなく、創造していくという考え方

クリスタルを手にしてからというもの、私は毎日、クリスタルに話しかけています。心を通してエネルギーを送り、エネルギーをもらい、クリスタルと心を共鳴させていく。

そうして、ライフワークを成功させたり、好きな写真もライフワークにしたり、パートナーとクリエイションラボを設立したり、地球遊園地を思いきり楽しんでいます。

まさにクリスタルを意識的に手にしてから、魔法がかかっているようなのです。

ただ、これは自信を持って言えます。

持っているだけではなく、心の思いを心で創造し、クリスタルを信じる心を通して、合わさる力が融合であり、「共鳴する」のだと私は感じています。

本書はクリスタルの種類や効果などを解説する内容をあえてあまり入れていません。

いちばんお伝えしたいのは、クリスタルには固有に放つエネルギーがあり、そのクリスタルを持つあなたがどのような心を持って、交わるか。その意識を持つことが大切だということなのです。

クリスタルからパワーをもらうという受動的意識では、なかなか共鳴しません。

こちらから能動的に意識して、心が交わる思いで付き合っていくのが、仲良くなるいちばんの方法だと思います。

私が約10年間毎日持ち歩いて感じた感覚からわかったこと、そして、その心を伝えたいと思います。

ぜひＦＵＭＩＴＯ流、クリスタルと仲良くなる方法を感じてみてください。

愛と感謝と光を込めて

FUMITO

パープルフローライト

STAGE1 クリスタルとあなたは奇跡的に出会った

STAGE4 クリスタルと仲良くなる世界

Contents

C r y s t a l

セレナイト・フィッシュテール

STAGE1
クリスタルとあなたは奇跡的に出会った

クリスタルには大いなる地球の歴史が刻まれている

クリスタルは、人類よりもはるかはるか昔から存在しています。

地球の誕生と共にあると言っていいでしょうね。

火山の噴火や地殻変動、マグマの冷却によってクリスタルの元となる岩石や鉱床（こうしょう）が生まれて、長い時間をかけて、地球の表面と地下を循環しているんです。

噴火や地殻変動によって圧力や熱が加わり鉱物が生まれ、マグマが地下深くで固まった岩石は深成岩（しんせいがん）と言われ、水晶などの石英（せきえい）グループや、長石（ちょうせき）、電気石（でんきせき）などの鉱物ができます。

また、珊瑚（さんご）礁の死骸が堆積すると、石灰岩という堆積岩になって、マグマと石灰岩が接触すると化学反応が起きて、いろいろな種類の鉱物ができます。

地球の大きな変動・大自然のサイクルによって、何億年も前から年月を経て岩石や鉱物ができているんですね。

たとえば、みなさんとも馴染（なじ）み深い水晶の結晶は、大きければ大きいほど長い年月がかかっていて、一般的には水晶は1ミリ形成するのに100年かかると言われています！　10センチの長さの結晶なら1万年かかっているということになるんです。

長い長い時間をかけてゆっくり形成すると大きな結晶になります。

何千年何万年を経て、壮大な変動、サイクルを経て、みなさんの手元に来ているというわけです。

まず、その膨大な地球のエネルギーが込められているということに思いを馳（は）せてみてください。

クリスタルを持っていたら、握ってみてください。

そして、目を閉じて感じてみるんです。

どれだけの時を経て、手にしているかを感じてみてください。

きっと、一期一会で、出会っているような感覚になってきますよ。

古代の人々はクリスタルの叡智を知っていた

人類と石は、人類が誕生して以来の関係と言えます。

歴史を振り返ってみると、クリスタルは力や救い、そしてエネルギーの光のような、永遠に変わることのない不変的な生命力のシンボルとして大切にされてきました。石器時代のように道具として使っていたことはもちろん、装身具としても使われました。

紀元前のエルサレムやエジプトなどでは、エメラルドやサファイヤ、ラピスラズリ、ターコイズなど、今でも人気のある宝石類を中心としたクリスタルが使われていました。古代エジプトの女王クレオパトラがエメラルドをこよなく愛していたという話はご存じの方も多いかもしれません。

古代の人はクリスタルの力を知っていたのだと思います。

古代ギリシャやメソポタミアなどでは、石を神のシンボルとしたり、治療に使ったりしていました。

たとえば、アメジストは酔い止め予防、翡翠(ひすい)は腰の病の治療、ルビーは万能薬的に使われていたようです。また、お守りや魔除け的に装身具として使用したり、首飾り、指輪、耳飾りなど、アクセサリーとして日常的に身に着けるようになっていきますが、すべてに意味を持って、意識的に身に纏(まと)いました。

今でもクリスタルを使ったヒーリングは行われていますが、古代の人々もクリスタルを信じる意識で上手にクリスタルと付き合っていたようです。

何千年もの間、人々はクリスタルがいろいろな力を持っていると信じてきました。

病気やけがを癒す力、敵を撃退する力、兵士を戦場で守る力、さらには士気を鼓舞する力さえあると信じられてきたのです。

身近にクリスタルや宝石が使われてきたのは、たくさんの石の持つエネルギーを信じる心が、石の叡智を更なるものとしてきたからですね。

御神事とも関係が深い石たち

石との関わりの歴史は日本も同様です。

翡翠や水晶などとの関わりは、わかっているだけでも縄文時代までさかのぼります。

「古事記」には翡翠にまつわる奴奈川姫（ぬなかわひめ）伝説が記されていたり、装飾品としてだけでなく祈りを捧げる儀式に使われていたのではないかと言われています。

御神事的にも石は重要な要素となっています。

たとえば身近なところでは地鎮祭で四つ角に丸い水晶を埋める場合があります。

ひとつひとつのクリスタルに神の意識を宿し、お祈りをして、鬼門の北東からスタートして、南東、南西、北西のほうに行って、エネルギーが回るように、その場に水晶を宿していきます。

場を清め、場を見守る、八百万の意識を根づかせる儀式です。

石を使って場を清め、場を守り、そこに家を建てるということです。

石は神様という扱いになります。

このような神事が伝承され今日にも日本では信仰されています。

今は、最新医療でナノ技術だったり圧縮技術がすごいですけど、昔はクリスタルを媒体にしてエネルギーを働かせる、というようなことを行っていたと思います。

もしかすると、現代の最先端テクノロジー以上のことがクリスタルには可能性として秘められているのかもしれませんね。

石に意識を宿すという感覚は昔からあったのです。

なぜあなたはクリスタルを手にしているのか？

なぜあなたは今、クリスタルに興味を持っているのでしょうか。
たまたま人にもらったから？
ファッションアイテムとして？
なんとなく持っていると気持ちいいから？
もちろん、どんな理由であってもかまいません。

古代エジプトでクリスタルの装身具が身に着けられるようになったのは、もともとは身を守ったり、病を回復したり、自分の内的エネルギーを増幅したりするためでした。

口ベタな人は、のどのところにクリスタルがくるようにネックレスを身に着けたり、胸のところにクリスタルが当たるようにして、自分や他人への愛情を豊かにしようとする人もいました。

イヤリングやブレスレット、アンクレットは、病気を治す力を刺激するために、鍼（はり）をほどこす位置につけられました。当時の人々はクリスタルの力を理解し、最大限に利用する方法を熟知していたんですね。

このように地球創成からの壮大な時間の経過を経て、私たちのもとへとやってきたクリスタル、最大限に仲良くならない手はありません。

あなた自身も壮大な宇宙エネルギーの一部ですから、エネルギーをもらい、流す循環の一部になることが、クリスタルと生きる第一歩だと言っていいと思います。

エネルギーをもらうだけではない、循環させる意識。

これはＦＵＭＩＴＯ流のクリスタルとの仲良くなる方法として繰り返しお伝えしたいことです。

クリスタルのアクセサリーを身に着けるときは、どこに意識を置くか？ を決めるといいかもしれませんね。

認識以上に、意識の流れるエネルギーの可能性を自らクリスタルと共に創造することを楽しんでください。

きっと毎日が楽しくなりますよ。

シャチャマニ アゼツライト

カテドラルクォーツ

STAGE2
クリスタルを自分用にセットしましょう

クリスタルと付き合う前にすること

クリスタルは長い長い時間を経たメモリ転送装置です。

受信・送信媒体とも言えます。

現代科学でもすでに証明されていて、特に水晶はその特性を生かして、コンピューターや車の部品、電子部品などにも使われています。

身近なところでは、クォーツ時計に使用されているように、水晶が振動により発振する一定の周波数の電気信号を利用することで、時間を正確に計っているのです。

私はエネルギーやビジョンなどを記憶していると感じています。


そのクリスタルは、鉱山などから運ばれ、さまざまな人の手を経てあなたの元にたどり着いています。その過程でさまざまなエネルギーを浴びています。

ですので、クリスタルを手にしていちばんはじめに行うことは「クリアリング」することです。浄化と言うと重く硬い印象ですよね。

言葉も波動なので、私は「クリアー」とか「クリアリング」と言ったりしています。

このクリアリングは、クリスタルの波動をニュートラルに戻すようなことです。

たとえば、使っているノートで、書きこんでいるページを新たにきれいな白いページにリセットするような感じです。

また、この一連の作業は、「エネルギーが循環する」ために必要だということを知ってください。

パワーストーンの本やインターネット等の情報にあるように一般的な塩を使ったり、クリスタルチューナーを用いてのクリアリングでも良いですし、太陽光や月光のエネルギーを浴びせてチャージしたり、流水を使ったり、水晶クラスターに置いたり、セージを焚(た)いた煙を使うなど、さまざまな方法があります。

FUMITO式クリアリング方法「慈愛の思いで接する」

早速ですが、クリアリングと言っても、物理的にきれいにするということだけでなく（それも大事なお掃除のようなものですが）、エネルギー的にクリアリングすることは、大切なことだと感じています。

そのためには、**「何をするか」**ということよりも、**「どのような〝思い〟」**でクリアリングをするかということがポイントになります。

私はクリスタルに対し、たとえるなら大切な子どもや愛する恋人のように、慈愛の心で接しています。

「よく来たね、ありがとう」
「きれいになってきたよ」

「お！　きらきら輝いてきたね！」

そんな「思い」でクリアリングします。


クリスタルを座布団の上に置いたりするのも、大切に接しているからこそですよね。

クリスタルは物質であっても、物ではありません。

クリスタルから放たれる波動は、目には見えませんが、クリスタルが持つ固有なエネルギーであることを知ってください。


私の場合は、クリスタルとの関係性の設定をすることで自分の気持ちの認識を早く作ることができました。

私は、たくさんのクリスタルとの交流があるので、同志的な意識を通わせる気持ちで接することが多いです。

身近な存在として接することを心がけています。

日常で、とても忙しいときだったとしても、クリスタルに向かって笑いかけてあげたり、手を振ったり、「行ってくるよー！　今日も共に楽しもう！」と話しかけたりすることで、自ら放ったエネルギーをクリスタルたちは、目には見えない領域でキャッチし、そして、お互い影響し合ってくれます。

どんな思いで クリスタルと接していますか？

言霊で共鳴する

あなたが持っているクリスタルは、どんな名前ですか？
ぜひ、クリスタルに質問してみてください（笑）。
そして、そのクリスタルは、親友？　恋人？　同志？　家族？
握った感じは、どんな雰囲気ですか？

どのように共にするかは、あなた次第であり、クリスタルはあなたの思いに必ず寄り添ってくれます。

だからこそ、自分自身で楽しもう！　と心に決めることで、クリスタルと過ごす日々がとても価値ある楽しみの日々となります。

いちばん簡単で、いちばん効果があるクリアリングは言霊です。

私はクリスタルが最初にやってきたとき、「今日から共にするから、一度、一緒にお風呂に入って、クリアーにしよう」と言葉で語りかけます。

一緒にお風呂に入って、洗ってあげて、拭いてあげて……、裸の付き合いをして、今日から一緒に寝よう、みたいなことです。

まぁ、私的に言うと同志的な気持ちです。

気持ちのある言葉でクリスタルを磨くという感覚です。

心がこもった言霊を使ってクリスタルを磨き、手で握りしめて意識交換する。

時に言葉にしないにしても、「今日もよろしく！」と心で交わすことを私はしています。

物は振動していて、こちら側がエネルギーを与えたら、あちら側もエネルギーの反響で共鳴する感覚です。

パワーストーンを使用している人の多くは、金運、恋愛運を上げたいとか、パワーをもらいたいとか、受け取ることばかりを意識していると思いますが、エネルギーを与えていないということは、思いが届いていないということなんです。

気持ちや思いを通じ合わせることが大切だと思います。

ですから、あなたの希望や願望の気持ちや思いを言霊というエネルギーでクリスタルたちに呼びかけ意識を流し、交流することがものすごく大事なんです。

エネルギーを受け取るのはそのあとです。

ここは、クリスタルと仲良くなる、大事なポイントですね。

※気をつけていただきたいことを書き添えておきます。温かいお湯から、急に冷たい水につけたり、洗ったりすると、鉱物的には割れてしまったり、ヒビが入ったりします。また、原石のクラスターや水に弱いクリスタルもあるので、一度調べてから水を使うようにしてください。

クリスタルを手にして自分の心の思いを伝えてみよう

「水」を使ってクリアリングし、循環させる

クリスタルのクリアリングには、何か特別な道具を使うのもいいのですが、何よりもおすすめするのは自然のエネルギーを使うことです。

クリスタルも自然の一部なので、自然がいちばんのエネルギー源なのです。

自然のエネルギーを使うクリアリング方法で効果的に使えるのが、視覚化（ビジュアライゼーション）をすることなのです。

「イメージを見る」ということです。これには水を使います。

水の流れがあるエネルギーが大事です。

水道水でもいいですし、川の流れでもいいです。

たとえば、水道の蛇口から流れ出る水を使って30秒ほど洗い流します。

その際に大切なのが、その水がクリスタルの中を通り抜け、このクリスタルがきれいになっていくことをイメージすることです。

目を閉じて、能動的に想像して心の目でイメージしてみてください。

見えないときは、さらに強くイメージし、見えるまで行います。

そして、そのクリスタルがあなたの手元にたどり着くまでに遭遇した、あなたに必要のない情報がきれいに、この水で外に流れ出ることをイメージします。

実際に、目に見えないからこそ、心で想像し、意図することが重要なのです。

そして、十分に流しきったと、自分の心の中で感じることが大切です。

最後に、拭いてあげて、「私の元に来てくれて、ありがとう」と、伝えてあげてください。

「こちらこそ、よろしく」と、きっと返してくれますので、意識の循環を創っていきましょう。

何も意図していない状態から、クリスタルの先端から意図するように交流を始めると
左ページのようなエネルギーに変動していきます。

光のエネルギーをチャージさせて、発動させる

水のクリアリングが終了したら、太陽の光をクリスタルの中に入れていきます。

もし、晴れている天気であれば、集中的にエネルギー充電を行えます。

季節によりますが11〜13時の間に行うといいなと感じます。

太陽がいちばん高い位置に昇り、光をクリスタルが受容しやすいと感じたからです。

その際に意識してほしいのは、**「太陽の光のエネルギーを吸収しチャージしてね」**と意図することです。太陽光にただ当てるという物理的なことではないんですね。

前にもお話ししましたが**「意図する」**ことが重要です。

クリスタルを太陽の光が当たる場所に置き、光を吸収しチャージしていることを意図してみましょう。

そして、行った後もクリスタルがチャージできたなと感じることが大切です。

クリスタルによっては、月の光を入れることもいいでしょう。

物理的な光を当てることも大切ですが、それ以上に思うのは、晴れていても曇っていても、「月のエネルギーを受けるんだよ」と意図してチャージすることが大事です。

私の経験上は、ローズクォーツのように色が入っているクリスタルは、月のエネルギーを入れたほうが循環がいい場合がありますが、これも絶対的な決まりではありません。クリスタルそれぞれです。

クリスタルの声を聴いていれば、クリスタルが今何が必要かが必ずわかってきます。

そして、太陽のエネルギーをチャージしたクリスタルを夜に握り、「エネルギー発動して」と、呼びかけ意図してから、瞑想やアイディア出しをしたり、一緒に寝るときに夢でメッセージをもらうことを意図し、エネルギーを発動させてみてください。

エネルギーを発動させるため、意図して使ってみましょう

クリスタルの声が沸き起こる

日常的に、クリスタルに話しかけたり、イメージを送ったり受け取ったりコミュニケーションをとる心を持っていると、クリスタルを通して湧いてくるように今必要なメッセージがわかってくるようになります。

何が今大切なのかが直感的にわかるんです。

そして、クリスタルが欲しているようなことも、なんとなくですが感じてくるようになってきます。

「あっ、今、太陽のエネルギーが必要だな～」というふうに。

たとえて言えば、我が子に、「お腹空いているでしょ～」とか、「喉が渇いたのかな？」と思うのと同じです。

私は、友だち、相棒、同志みたいな感覚で付き合っていて、手で握るクリスタルに心で呼びかけ、挨拶をしたり、今私が感じることを心で話をしたりしています。

もちろん、クリスタルは口がないので（笑）、話しかけたことに対し、間髪入れずに、その返答が湧いてくるように感じとります。

湧いてきた返答に、「ありがとう」と、意識交換し、日々笑顔でクリスタルと付き合い、仲良くしています。

日頃から、ただの石だと思わずに、家族、親友のような信頼を自分の心が持つ思いがいちばん大切です。

日常の習慣のようにコミュニケーションをとっていると、クリスタルの声が沸き起こるように感じてくると思います。


以前、私のところでクリスタルを購入された方で、「最近、元気がないように思うので、ＦＵＭＩＴＯさん握ってください！　この子のお父さん（私のことです（笑））のところに連れて帰ってきたんです……」という方がいらっしゃいました。

それで私もそのクリスタルを握ると思い出すんです。

「この子覚えてるよ。よしよし、元気かい？　ん～元気そうだね～！」と心から思いを持って話しかけたりします。

すると、そのクリスタルに輝きが増し、「あ！　元気になったみたいです！」と笑顔で帰られました（笑）。

あなたもクリスタルと心から向き合い話しかけてみてください

どうしても反応状態がよくないと感じたら……

常日頃から意識を向けていなく、存在さえ忘れてしまっているクリスタルは、握ってもあまり反応がない……鈍いときがあります。

エネルギーで言うと、ドライアイスみたいな、どろーんとした煙が沈む、みたいな感じです。

どうしても回復しないときの最終手段として、私が行うことは、一度地球に戻してあげることです。

具体的には、土を掘って埋めてあげます。

クリスタルをそのまま入れてしまうと濁ってしまうことがあるので、オススメは、ビニール袋に入れてから、土に埋めると確実にクリアーに戻ります。

いろいろ試してみましたが、1週間、土の中で過ごしてもらい、その後掘り起こし、手にしてみると、何だか生まれ変わったような感じがしたんですよね〜。

「そのときは、地球はすごいな〜、まさに愛の器だな〜」と、感じました（笑）。

一度、地球に返して、ナチュラルなエネルギーに戻す、ということですね。

私は、何度かこのことをやっているうちに、「地球の愛の器の中で、休んでおいで」という意図をして、土の中に埋め、土から出したときには「おはよう、おかえり」という感じになりました。

塩も同様にクリアリング効果が高いです。

けれど土も塩もよほどのことがないかぎり、私はしなくていいと感じます。

ですが自然の中でエネルギーを循環させることは、とても効果的です。

もし、あなたの眠っているクリスタルを循環させたいと思ったら、一度試してみてください。

地球の愛の器は、絶大なる効果です

レインボーレムリアンシードスフィア

決まりに縛られず、クリスタルに聴く

もう一つ、私が行っているのが植物と共存させることです。

特によくやっているのが、ハーブの土に入れるという方法です。

次のシーズンのためにハーブの植え替えをしたりする時期にエネルギーチャージが必要なクリスタルを一緒に埋めます。

「ハーブのエネルギーと共に共鳴してね！」と言いながら元気な葉がたくさんあるイメージをして埋めると、本当に次のハーブのシーズンには、元気な葉が出てきます。

同様に、クリスタルも輝きを増します。クリスタルはきっとハーブと仲良くしているんだと思います。


変わり種として、お米に入れる方法もあります。

これは具体例がありまして、あるときに「このクリスタル、波動が強すぎて痛いんです」と私のところに相談に来た人がいました。

「お米の中に入れて、3日間眠らせてみて」とお伝えしたところ、後日、「クリスタルのエネルギーがまろやかになりました」と報告してくれました。

お米は柔らかい優しいエネルギーですから、クリスタルも優しいエネルギーになる。

ようするに、これはこうすべき、これはダメなどの教科書的な決まりに縛られるのではなく、あなたとクリスタルとの関係で決めればいいということなんです。

自分の意図を渡して、クリスタルの声を心で聴く。

その共鳴の中で感じることが必ずあるはずなので、その気持ちを指針にしてみてください。

クリスタルの声を感じるために、心で向き合って心で話してみてください

C r y s t a l

STAGE3
クリスタルに意識の
スイッチを入れて、
目的をプログラムしましょう

クリスタルのサポートは仲良くする意識で決まる

さあクリスタルと仲良くする大切なことをお伝えします。

クリスタルがどのようなサポートをしてくれるかは、**付き合う私側の意識で決まる、**と言っても過言ではありません。

前にも書きましたが、何より大切なのは、クリスタルと向き合う私側の意識で、その意識のスイッチをオンにすることなのです。

パワーストーンというと、パワーをもらえるというふうに思ってしまいがちですけれど、繰り返しお伝えしているように、むしろ、最初にこちらのエネルギーを送るということが大切なんです。

意識を向けて「こんにちは」と、気持ちを送ることで、初めて挨拶を交わし、クリスタルとの関係が始まります。

共鳴させるとは、意識を送り、波を起こし合うということなのです。

違う視点から言うと、送らないとエネルギーは共鳴というエネルギーでは響き合うことがないんですね。

自分がクリスタルとどう接するかによって、まったく変わります。

クリスタルを単に石、物質と思うのではなく、エネルギーが循環しているということを知った上で、クリスタルと付き合っていきましょう。

クリスタルと共鳴させる

どう仲良くするかは、自分が決めること

私のところに、「亡くなったお父さんが持っていたクリスタルなんだけれど、どう使ったらいいですか」という質問をしてきた人がいます。

そのとき私は「どういうふうに感じるの？」と言ってみると、その方は「何も感じないです」と言う。

そのときは「では、それでいいので、気になったら手にとってください」と伝えたのです。

何もせずに、目的も無しに、クリスタルとの付き合いは始まらないからです。

そのあと、その人は水でクリアリングして、クリスタルと過ごしていたら、とてもきれいに見えたそうで、「きらきらしていて、かわいいな～と思いました」というメッセージをいただきました。

きっと、クリスタルに意識を向け、クリスタルを知り、愛を持ってコミュニケーションをとっているうちに、共鳴が始まっていったのだと思います。

そこから、クリスタルとつながり、どう仲良くするかが始まるんです。

どのように使うか？ではなく、どのように仲良くなり、どう付き合うか？を自分が決めることが大切です。

きらきらして、かわいいなと思ったとしたら、握ってみて、どんなふうにこの石と仲良くなろう？友だちになりたい！家族のように一緒にいたい！など思いが湧いてきたら、クリスタルに、「いつも見守ってね！」とか、「一緒に寝て、夢の中でメッセージしてね」などなど、湧いてきた思いを、そのまま表現し、つながりを深めてみると良いですね。

クリスタルとあなたは、どんな思いで仲良くし、コミュニケーションをとりたいですか？

レムリアンシード
（光のバーコード）

クリスタルはコンピューターのようなもの

私には、クリスタルは、目には見えない心の中にあるコンピューターのように感じられるんです。

あなたはコンピューターを使うときにどうしますか？

まずは電源を入れますよね。


そして、何かを整理したいのか？

何かを創りたいのか？

何かを管理したいのか？

何かと通信したいのか？

何かを知りたいのか？

そんな目的を持って使うのだと思います。

クリスタルも同じです。

❶**まずは電源を入れる**＝心に意識を向けて、クリスタルと向き合うというスイッチを入れる。

❷**そして、何かを整理したいのか？**＝自分の気持ちの整理をしたいのか？（共に瞑想する）

❸**何かを創りたいのか？**＝自分の希望・願望をどのように創造したいのか？（共にイマジネーションする）

❹**何かと通信したいのか？**＝自分の本音の気持ちや、そのクリスタルからや、高次の意識、あるいは神様や天使など、信じる存在から何かメッセージが欲しいのか？

など、どのようにクリスタルと付き合ったら良いかは、自分の心と向き合う気持ちが大前提と私は捉えています。

意識して、目的を持って付き合うことができると、さらにクリスタルとの共鳴、響き合うことができます。

クリスタルと自分が共鳴していると、自分が答えを求めたいときに、「どう思う？」と聞いたら、湧いてくるような感覚で、反射的にクリスタルから反応が返ってくるようになります。

それはまさにクリスタルとの融合です。

心の意識のスイッチを入れて、始めていきましょう

同じ要素だからエネルギーが広がりやすい

では、なぜクリスタルと共鳴し合うのか？　と疑問を抱く方もいらっしゃるかもしれませんね。少し、豆知識のようなことなのですが、私も今からお話しすることは、この内容を知って納得したので、書いておきますね。


クリスタルはもとをたどるとケイ素という元素からできています。

このケイ素は人間にとっても必須なもので、とても重要な役割を担っています。

具体的に伝えると、組織をつなげているコラーゲンの結びつきを強める働きがあって、骨や血管、歯などの主要な組織を形成する大切な元素でもあります。

意識をつかさどる松果体や、胸腺にも多く含まれ、私たちの体の70％は水分ですから、骨格はすべてケイ素が主要で組織形成しているということです。

同じ成分、同じ水分、同じものが入っているからこそ、共鳴するということです。意図することが伝わり、波紋のように広がり、クリスタルのエネルギーは、全身全霊に広がるんです。

すると深いリラックス状態になってストレスを減少させたり、心身の調和を促したりします。

古代の人が治療に使っていたのには訳があるんですね。

クリスタルが人と共鳴するのは決して不思議なことではなく、当たり前のことなんです。

私たちはクリスタルと共鳴しやすくできている

深い呼吸でエネルギーを回す

さて、自分の元にクリスタルが来たら、そのクリスタルといちばん初めにすることがあります。

それは、**自分用のクリスタルにセットする**ことです。

それには、まず呼吸です。

呼吸は生命の源であり、体の動きを活性化させ、すべての体内機能の働きを助けるものです。

ですが、普段、小さくて浅い呼吸しかしていない人が多いようです。

呼吸は、臓器を効果的に助けるだけでなく、リラックスした気分、集中力、調和的な気持ちを持ち、今、ここに在ることを知らせてくれます。

クリスタルを手にするとき、自身の内側に、ハートに意識を向け、エネルギーを集中するように、心を静めます。
自分の呼吸に注意を向け、穏やかな深い呼吸をすることが、クリスタルと同期する
もっとも効果的な方法です。

❶クリスタルを握ります。
❷「スーッ」と鼻から吸った音を聞きながら、その空気が体中を通っているイメージで吸います。
❸目をつぶり「スーッ」と口からゆっくり音を出して、口から煙を吐き出しているイメージで、吐ききります。
❹そのとき、体の中の不必要なエネルギーを口から煙として出します。「スーッ」という音を聞きながらまるで本当

に煙が出ているかのようにイメージし、不必要なものが、外へ出ていっている、と認識してください。

五感を使ってイメージしながら、不必要なエネルギーを吐き出している、そしてまた新しい必要なエネルギー（空気）を入れる、吐く、その繰り返しをすることでエネルギーが循環し、クリアーな感覚を増幅させられます。

体と心、そして精神が安らかに静まっていくのを感じましょう。

そして、クリスタルと同期し、ボディー、マインド、スピリットのバランスを整えます。

深呼吸するときにイメージして、エネルギーの循環を感じましょう

アズライト

イメージを明確にビジョン化する（送信）

次に、クリアリングのところでも視覚化（ビジュアライゼーション）が大切だとお伝えしました。自分用にセットするときも、イメージ（情景）をビジョン化（可視化）することが大切になってきます。

「思考は現実化する」と言われますが、これは、本当にそうです。

私も実際に何度も何度も経験があります。

身近なことから言うと、渋滞に出くわさないで、スイスイと目的の場所に行き、カメラを構え、歓喜するほどの景色を見ながら心で感じていることや、住みたい物件が空いて、その部屋の景色を雄大に感じる自分。パーキングが空いて、スムーズにことが進んで、笑っている自分。これらさまざまなことを目をつぶり、想像し、その情景、感情、感覚をクリスタルを握りながら、叶えてきたんです。

私は、望む自分の在り方をありありと、情景として描き出すときは、クリスタルを握り、集中して自分の心に絶対の信頼を持っていると、その描きたいことが現実になる、と確信しています。

自分の心の中に意識的にイメージを創り出し、それらのイメージの持つエネルギーをクリスタルの助けを借りて宇宙に送り出して、心の中のイメージを現実にしていくことができるのです！

このビジョン化にも送信的なものと受信的なものがあります。

送信的なほうでわかりやすいのは、絵や写真を使う方法です。

たとえば、1枚の写真だったり、1枚の絵のようなものを自分の中でイメージする。

それが光の色でもいいし、行きたい場所でもいいし、なんでもいいと思います。

それを明確なイマジネーションとして持ち、クリスタルを握っていると、その波動領域が響き、セットされます。

こちらはビジュアル化を送信するほうですね。
あなたが明確にイメージした波動を、クリスタルに伝えることができるんです。
すると、そのイメージを実現しやすくなります。

ビジュアル化して送信する

イメージを明確にビジョン化する（受信）

受信的なビジュアル化は、クリスタルを握って心に浮かんでくるイメージを分析し、解釈することです。

「今、このクリスタルは、こういうオーラだな」などとイメージが浮かんでくるようになるので、それを心の中で創造し、描いてみましょう。

持っているだけでは何も感じないという人も多いですが、個人のセンスもさまざまあります。

視覚的なイメージではなく、音が湧いてくる聴覚とか、暖かい感じがする触覚や、なんだか味が湧いてくるような感じの味覚や、香りが湧いてくる感じの嗅覚など、さまざまです。

それらのセンス（感覚）から情景を想像し、創造してみるのです。

可視化して、イメージを創り出すのです。

もし、何も感じないのであれば、感じにいってください。

能動的に、音、香り、味、感触などを感じるまで練習すれば、体感的に必ずわかるようになってきます。


心を通して質問をしてみるのです。

どんなビジョンがやってくる？　音が湧いてくる？　などなど、自身から波紋を創り出し、感じにいくのです。


質問は、初めのうちはなかなか難しいかもしれません。

大切なのは、ただ心の中のスクリーンで「見る」だけではなく、そのイメージの音や感触、匂いまで、体の末端にあるセンサーで五感を使って心で感じることです。

これをきちんとやっていると、目をつぶって、一瞬でイメージがボンッとやってくるようになります。

伝達信号が早いか、遅いかは、日々の中で、常にやっていると、当たり前のようにふっとできるようになります。

このイマジネーションのトレーニングができるようになると、クリスタルとのコミュニケーションは格段に早くなります。

クリスタルを五感を使って感じて、自分に質問しながら練習しましょう

言霊から言魂として宣言する

自分の思いを現実化させるために、そのイメージ映像と、それが現実化していることを「宣言（コミット）」します。

心の中から湧いてくる言葉こそ、本来の言霊（本音）。それを口から出した言葉が言魂となって、自分の体から出ていくエネルギーになります。

私が以前出版した『月の習慣』という著書にも書きましたが、この言魂が、人や物に触れていくエネルギーになると事魂となって、あらたな創造の拡張が広がると、日本でも古くから伝えられています。私も、この伝承は心より実感します。

「自分の創造していることが現実になる！」と自分の内側の意識を表現することです。

もっとシンプルに言うと、それが「何か」「どんなものであるか」を簡単な言葉なり、文字として表明することで、クリスタルを手にしている意識と共鳴し合って、増

幅のエネルギーになるということです。決して「お願い」ではありません。

「こういう夢があって実現している自分は、もー！　本当にワクワクする」と、それを実現している情景を描きながら、握っているクリスタルに宣言するのです。

これが、共に存在する感覚となります。

たとえば、「スーパースターになっている！」と、クリスタルと共にあるイメージを持って宣言する。すごく、カジュアルに伝えるとこんな表現にもなりますね（笑）。

（あなた）「大きなステージで、目にしている景色は、何万人もいて、目に入ってくる大勢の観客とスポットライト、そして、大音量の音で、歌っている自分！　うぉーーー！。こんな、情景が湧いてくる！　どう？　ワクワクするよね？」

（クリスタル）「いいね〜すごくいいね〜！」

（あなた）「よし！　絶対にやれる！　やってみよう！　楽しいーー！　絶対になる！」

コミットするということは、自分の言霊を自分から表現するということです。

大切なことは、シンプルになるべく短く簡潔に、現在形の肯定文がいいですね。

たとえば「私は完璧に満足できる新しい生活をして楽しい！」とかね。

体感する感覚と感情がリンクすることがいちばん大事で、それを言葉として自ら、この世界に表現するということです。

クリスタルと思いを共鳴し合ってみる

「今ここ」だけが共鳴できる

私がいつも意識し大切にしているのは、今ここに感じる感情と沸き起こる思いです。

思考は、常にタイムラインとして過去、現在、未来の3つの要素を持って考えていると思います。

不安定な感情が湧いてくる視点から見てみると過去への執着や後悔や、未来への不安にとらわれた思考をしてしまう人も少なくないかもしれません。

もちろん、真逆な良いイメージの視点もあります。

過去に最高に感じられた歓喜を呼び起こすことや、未来への希望にワクワクする感情を創造することもできます。

どちらの視点で楽しむかは、この本を読んでいる、あなた次第なんです。

あなたは、どちらの視点で思考し感情を沸き起こすことを選択しますか？（笑）

ですが、どちらも、どの時点で想像し、思考することを感じるのでしょうか？

そうです。これは、紛れもなく今、たった今、今にない過去や未来に思考が創り出しているシナリオを読み返したり、想像しているということなんです。

では、想像してしまう思考をコントロールできるとしたらどうでしょう。

思考というよりも、精神的な波を穏やかにすることだと、私は捉えています。

それに必要になるツールはクリスタルだと、はっきり私は感じています。

クリスタルは、すべての人間関係（人間世界）の内容に批判判断がないからです。

良し悪しをつけるのは、人間の思考だからこそ。クリスタルを信じる「今ここ」の自分の心がいちばん大切なのです。

クリスタルは、精神的なエネルギーを拡張増幅させながら内なるハートの声を強めるサポートをしてくれるのです。

「過去がどうあれ、今、今から、私は望む私の在り方を選ぶと心から宣言する。

未来へ不安はなく、私は、今、たった今ここに、私という意識を持って存在する」

と、今ここに、その気持ちを覚悟を持って、どんなことであれ、私はこうするんだと、言魂として、クリスタルに伝え、そのエネルギーを共鳴させてみてください。

きっとクリスタルは、あなたが放った感情のエネルギーを拡張増幅し、返してくれることでしょう。

今ここに、言魂として宣言してみましょう

クリスタルをプログラムする

さて、この一連の、呼吸、イメージビジョン化（情景の可視化）、言霊を使ってクリスタルに宣言（コミット）することを一度に行い、クリスタルの中に投影していきます。

心の内側で捉えている希望や願望を、クリスタルの中に書き込むプログラムになります。自分用にカスタマイズされたパソコンのようになるのです。

とても大切なことは、自分が創ったイメージビジョン化とコミットを、イメージの中でシナリオ通りに演じることです。

自分がイメージしたものが必ず実現するということを、心の中で確信しながら投影しましょう。

では、ワークを行います。
次の流れでクリスタルを握り、目を閉じて行ってみましょう。

❶深呼吸　（心と体のバランス、思考と感情のバランスを深い呼吸で整えましょう）
❷イマジネーション化（自分の望みが叶ったと、まるで自分がその場にいて体感しているように、感情まで沸き起こして、情景を描いてみましょう）
❸宣言（❷で感じた感情を言魂として、口元にクリスタルを持ってきてクリスタルに伝え、クリスタルの中にすべて投影するように行ってください）

これで、終わりではありません。

このプログラムをクリスタルに伝えた後に、クリスタルからの反応を能動的に感じ取ってください。

それは、まるで自分でクリスタルに投影したエネルギーが、今度はクリスタルから返事がくる感じです。

「了解です。それでは本当にこれでいいですね！」と送ってくれています。確認してください。

そして、よければ「よろしくお願いします」と返答してあげることも大切です。

クリスタルはとても特別なエネルギーを兼ね添えています。

送られてくるエネルギーは、１００％、純粋なエネルギーです。

もし違和感があるようなら、送っているあなた側の思考に少し、迷いがありませんか？　と聞き返してくれているのです。

本音で望む意識を持って、本当にワクワクした気持ちで、行ってください。

きっと、最高のエネルギーを返してくれますよ。

このプログラミングを行うことによって、魔法のような意識の交換ができるようになります！

送られてくるエネルギーを、100%信頼してください。疑う視点は、あなたの心を疑っているのと同じです。自分の心を知って信じて愛してくださいね

パイライト

クリスタルとコミュニケーションをとる

クリスタルと人は同じで、話しかければかけるほど、反応を返してくれます。信頼関係も結ばれていきます。

お気に入りのクリスタルと、より信頼関係を結んでいきましょう。

実際に声に出しても、心の意識の問いかけでも、クリスタルは必ずキャッチしてくれます。

言霊（本音）の、意識的で精神的に付き合うクリスタルとの関係を、繰り返し行っていくと、不思議なことに迷いや不安がなくなっていくのです。

常に、クリスタルの意識と共に在るかのように手にしなくても、そのクリスタルの持っている感覚や、フォルムを想像するだけで、意識的に持っている感覚と同じになってきます。

効果をいちばん早く実感するには、夜、寝る前にクリスタルと共に瞑想することを習慣にするといいと思います。

その瞑想のときに、クリスタルに話しかけ、思いを伝えてサポートしてもらいましょう。

たとえば、一緒に寝るクリスタルであれば、「夢で○○のことを教えてね」と言って一緒に寝るといいですね。

あ、もし、朝起きて夢を見られていない場合は、今一度握り直して、同様なことを行ってから、30分ほど二度寝してみてください。

そうすると夢で見ることができたりしますよ。

思いを実現する心の準備ができましたか?

《ワーク①》クリスタルのチューニング

では、実践ワークをしたいと思います。

すべての実践ワークをいきなり完璧にできる必要はありません。少しずつ、あきらめずにやっていきましょう。

初めに行うのは「チューニング」です。

簡単に申し上げると、クリスタルと同調するということです。

このチューニングは、前章から続き、しつこいほどお伝えしているように、信頼する心がいちばん大切です。

それでは、始めていきましょう。

❶深呼吸

クリスタルを利き手ではない手で軽く握り、深呼吸と共に自分の手から発するエネルギーでクリスタルを包むようにして、そのイメージを握っている手から伝え、深呼吸を3回ほどします。クリスタルは胸のあたり（ハートチャクラ）で握るのを、おすすめします。

クリスタルにあなたのバイブレーションを伝えましょう。

これは「こんにちは〜」と挨拶をしているようなものです。

❷クリスタルのバイブレーションを感じる

自分のバイブレーションを伝えると、クリスタルはそのバイブレーションを受け、挨拶を返してくれます。少しの間、調和がとれるクリスタルからの、バイブレーションを五感や六感を通して感じてみてください。

ここでも、もし何も感じないようであれば、能動的に目をつぶり感じられる五感のセンスすべてを試してみてください。

たとえば、何かを視覚化で送ってきていないか？　味覚は？　聴覚は？　嗅覚は？　触覚は？　と、感覚に意識を向けることが大切です。

五感のセンスは人それぞれ得意なセンスがあるので、さまざまな感覚を楽しんでみてください。

《ワーク②》クリスタルをボイスレコーダー化する

クリスタルをボイスレコーダーのようにして、エネルギーを保存する方法があります。

自分がコミットした波動をクリスタルに保存させるということになりますので、それを常に持っていると、言霊がクリスタルと共鳴し、共同創造がしやすくなります。

❶初めにチューニングをします。

さきほどのストーンチューニングのステップ①、②を行います（詳細106〜107ページ参照）。

❷そのあとに、いちばん初めにお伝えした3つのプログラムのステップを行います。

目を閉じ、深い深呼吸をし、クリスタルに伝えたい思いや希望、願望の景色を自分の心を通してイメージし、握っているクリスタルを口元に持ってきて、「思い」を言葉にしてクリスタルに伝えエネルギーを流し込みます（呼吸、イマジネーション化、コミット＝クリスタルのプログラム・詳細99ページを参照）。

ここまできて伝え終わったら必ず、クリスタルから最終確認のバイブレーションが来ます。「了解しました」と、返してくれているのを感じてみてください。

思考ではなく、心で「受け取ってくれた」と、感じることが大切です。

そして、最後に「ありがとう、お願いします」とクリスタルに感謝を伝えてください。

もし、キャンセルする場合は、①、②のステップを踏んでから、「伝えた内容をキャンセルします。ありがとう」と感謝を伝えます。

クリスタルの返信のキャンセルバイブレーションが来たら終了です。

そのあとに、新しいプログラムを行いたいときは続けて行ってください。

《ワーク③》クリスタルを呼び起こす

みなさんは手塚治虫さんの『ブッダ』という漫画を知っていますか?

この漫画で、ある子どもが自分の魂を意識的に動物に入れることで、動物の体を体感するシーンがあるんです。

これを見たときに、私がクリスタルとの瞑想をする中で、自分自身の意識をクリスタルに転送し、クリスタルの中で体感できると感じていることはこれと同じなのではないか？と思いました。そこで改めて能動的にクリスタルの中に意識を投じることをしてみたのです。

意識を通じてクリスタルの中に入り、ノックをするようなイメージです。ノックし終わったら、そっと、自身の心に意識を戻します。

これをやるとチューニングと同様、たとえるなら、私の意識でノックをするエネルギーが一滴の雫(しずく)となりクリスタルの中に入って、無限に広がる波紋のように増幅されるイメージです。

具体的には、ボンッと意識を入れて、戻すみたいなことです。

これは目に見えない領域ですけれど、意識を使ってクリスタルと共にエネルギーを共

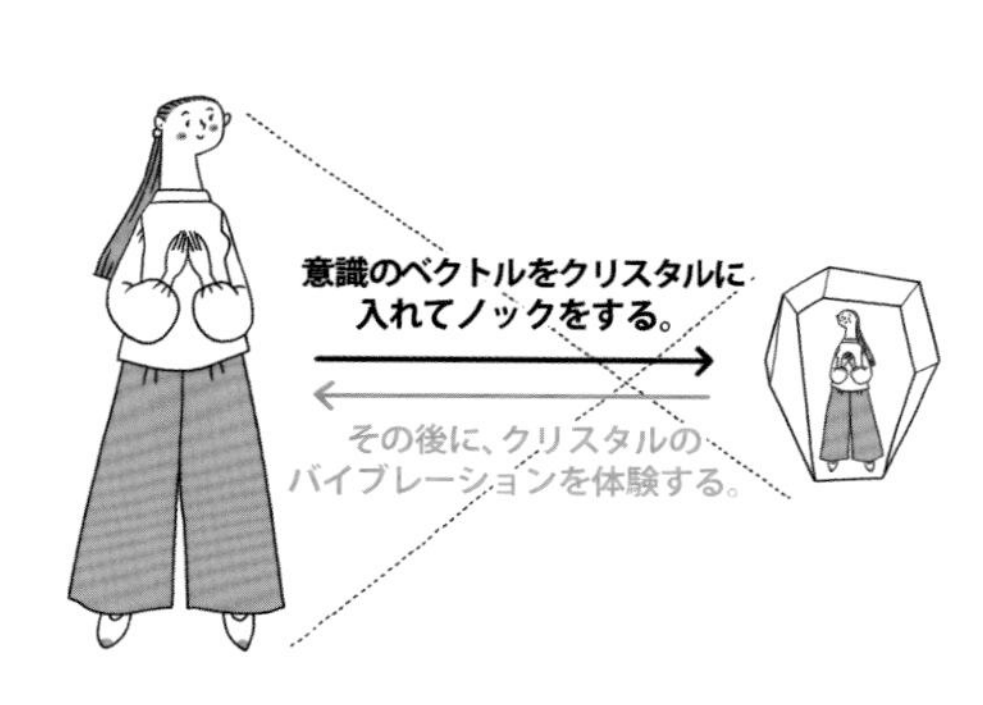

鳴させるためには、自分が一度、クリスタル側に入るという意識を持つということです。

自分の意識を飛ばすことによって、共鳴が起こり、バイブレーションを感じられるワークです。

では、実際にやっていきましょう。

❶体内の自分の意識を深い深呼吸をして、感じ、知り、意図する。

❷意識のバイブレーションをクリスタルに一度転送し、クリスタルにノックする。

❸そのあと一度自分の意識（体）に戻り、クリスタルのバイブレーションを感じてみる（このとき、まだ何も反応がなければ、

何度か繰り返してください）。

❹次に、自分の内側の心でクリスタルに挨拶をしてみる。

初めは、意識のコントロールが難しいと思考してしまうような人は、次のようにやってみてください。

自分の意識を感じ、その感じる意識をクリスタルの中心に意図した一滴の雫をたらすイメージをして、また、自分の心に戻り、観察するのです。たらした雫がクリスタルの中で、広がるイメージを観察するのです。

そのイメージができたら、クリスタルに「ありがとう」と、意識を通じさせるように、気持ちを合わせるということです。

コロンビアレムリアンシード

STAGE 4
クリスタルと仲良くなる世界

クリスタルを感じて暮らす

クリスタルが身近にあるのであれば、ぜひやっていただきたいことがあります。

それは、目を閉じて、さまざまな種類のクリスタルを触って握ってみることです。

きっと、手のひらの中で、何かを感じると思います。

もし感じないようであれば、受動的ではなく能動的に心で感じにいってみてください。

日頃は視覚に頼っている文明社会ですから、目から入ってくる情報を信じることに慣れているので、わかりにくくなっていますが、目を閉じるだけで、心で感じるセンサーが働きます。


自分はそういうセンサーが鈍いと思っている人であっても、「あれ、さっきのクリスタルと何か、違うな」みたいな感覚は持てると思います。

形から発光しているものを捉えるセンサーかもしれませんし、鉱物のエネルギーを察知しているのかもしれません。

チクチク、痛くなったりとか、温かくなったりとか、逆に冷たくなったりとか、少し、しびれるような……そんなさまざまな感覚を感じることでしょう。

「こうやって、こういうエネルギーを発してくれているんだな、ありがとう」という気持ちで握ったら、また、共鳴の感覚が導きます。

たくさん持っていると、何をどう使ったらいいのか迷う人もいるかと思います。

そういう場合も、それぞれのクリスタルのエネルギーの違いがわかってくると、どのクリスタルを選ぶかがわかってきます。

キャラクターと一緒で、どのキャラクターを選んで、どんな付き合い方をするかを、自分が自由に決めることができるとしたら、楽しくないですか？

何を意図して一緒にいるのか。相棒にしていく楽しさが増していくと思います。

いろいろなクリスタルを握ってみましょう

キャラクターをつけて楽しむ

「FUMITOさんはどうやってクリスタルを選んでいるんですか」と聞かれることがあります。

購入に行く前に、「今日はなんでも教えてくれる仙人みたいなクリスタルと会いたいな～」とか「いつも、友だちみたいに感じさせてくれるような親しみのある子がいたらいいな」って思うんですね。

すると「あっ、この子だ！」となんとなく感じたり、時にはなんだか、オーラを纏っているかのように見えたりするんです。

まったく思いがけず、手にするということもあるのですが、やはり、こちらから意図していて出会うほうが同調が早いですね。

たとえば、こんな人に会えたらな〜と、みなさんも思いますよね。

そして、「あ、この人と喋ってみたい」と思うように、クリスタルと出会うのも一期一会で出会いに行くものだと、私は思っています。

だから、初めて手にしたらすぐに、「あなたの名前は？」と聞くと、心の底から名前が湧いてくるんです。

そして、名前で呼んであげるようにすることがクリスタルとの共鳴の一つになります。


クリスタルにもやっぱり個性があるので、その個性をキャラクターのように感じると、より親しみが湧いて、楽しいんです。

たとえるなら、キレキレで中身は温かいヒーローや、なんでも知っていて教えてくれる仙人、慈愛に満ちたマリア様や、愛しくて好きなことに貪欲な峰不二子ちゃん、夢でビジョンを教えてくれるメッセンジャーや、いつも髪の中から見守る鬼太郎のお父さんなど……（笑）言ったら、切りがないほど出てきます。

クリスタルと共にするあなたが、名前をつけて感じる心を通してどんなキャラクターなのかを設定してみては、いかがですか?

きっと、今まで以上にコミュニケーションのとり方が軽やかになりますよ。

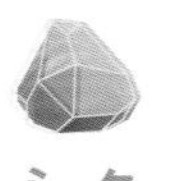

クリスタルにキャラクター設定してみると、心が通わせやすいですよ

クリスタルと一緒に瞑想する

日常的に、数分でいいのでクリスタルと向き合う時間を、1日1回は作ることをおすすめします。

日常では、たくさんのストーリーを感じるこの現実世界では、たくさんのことを思考してしまいますよね。なので、可能性をもっと広げるために思考観念を一度フラットにして、制限のない、心の内側に拡張し望む世界へと、思い描き感受性を高めることができるのがクリスタルではないかと私は思います。

瞑想を普段取り入れていない方に、オススメするのが、1分瞑想です。

私は、前職がとても忙しい仕事だったので、職場では思考することばかり……。なので、よくトイレに行って、1分ほど自分と向き合う時間に集中することをしていました。

そして、今でも1分瞑想を日々に取り入れています。

やり方は、簡単です。

呼吸を整え、両手にクリスタルを握り、心に集中して、両手からハートにエネルギーを流してほしいと深い思いを込めて、クリスタルにお願いをすると、すーっと、両手から、じわじわとハートに伝わりハートが満たされる気持ちになるんです。

これを、1分の中でやることを習慣化しているんですが、本当にオススメなんです。

もちろん、しっかり計らなくても大体の1分でいいと思います。

大事なのは、1分間だけクリスタルと共に瞑想すると決めることです。心で決めることは、集中する意識を持つことになるからです。

やってみると、意外と最初から3分くらいとか長く続く方もいれば、30秒くらいで、ふーっと、集中できなくなる方もいますが、これは、習慣化の一つなので、気軽に続けてみるといいですね。

悩みごとや不安が多いと自分に意識が向いていない状態なので集中するのが難しいかもしれません。

声を出して意識を集中
させるのがコツです。

両手のクリスタルから
ハートにエネルギーが
満たされるイメージです。

そんなときは、クリスタルに意識を集中し、1分間、「んー」と声を出しながら、意識を他に飛ばさないようにしてみるのです。「んー」と、初めはクリスタルに、そして、そこから、集中する意識を引き上げるように、エネルギーをハートにつなぐイメージです。続けて、ハートにエネルギーがチャージする感じです。

「今ここに存在する」貴重な1分間となり、そして、自分がどう在りたいかを根づかせるための1分間となるでしょう。

もちろん、長く深い瞑想をするときも、ぜひとも活用していただきたいと思います。

座って瞑想しているときでしたら組んだ手の上にのせて瞑想します。

クリスタルが核となってバイブレーションを送ってくれて波紋のように波動が広がっている感じになります。

また、胸のところに置いて寝てしまうのでもいいと思います。

オーラを纏うようにクリスタルからバイブレーションを感じます。

クリスタルと一体となって、短くても深い瞑想ができます。

クリスタルと共に瞑想すると、グランディング（意識を根づかせる）しやすくなるんです。

日々のたった1分が、奇跡を創りますよ！

ガーデンクリスタル

魔除け視点ではなく、1%でも希望の意識を持つ

海外の方はよくクリスタルを魔除け的な意味合いで使う文化がありますが、これはクリスタルを持つ視点の選択だと思います。

私は、魔除けという視点でストーンを持つことはありません。

なぜならば、心の意識的エネルギーの比重がプロテクション（魔除け）という意図をかけているから、プロテクションするようなことが起こる、と意識的に創ってしまうからです。

これは、思いを引き寄せ、自分の意識の矛先にエネルギーを寄せているからですね。

じつは私はプロテクションと思って使うと、完全に引き寄せるというのを1回、体験したことがあります。

あるとき、悪夢を見る日が続いたので、意識的に、寝室を感じてみたら、なんかちょっとエネルギーが嫌な感じがするな～なぜそんな気がするのかな……と思い、悪夢からの恐怖や不安が起こらないように……と自分を守る、プロテクションをしようと、オブシディアンという強い守護の黒いクリスタルで自分のベッドの四隅に結界を張るようにグリッド（エネルギースポット）を組みました。

すると、逆効果で、その晩には、金縛りや悪夢を呼び寄せてしまっていて、「いや、プロテクションをしているから大丈夫」と、自分自身に言うことで、ひとときは安心していたのですが、さすがに3日も続くと、肉体的にも精神的にもぐったりしてきました。なぜプロテクションの結界を作っているのに、逆の効果を呼び寄せているのか？　と内観してみたら、自分の「プロテクション」という意図で決めたこと自体が、「恐れ」から来ているからだとわかったので、だったら恐れを受け入れてみよう、と思い……。

3日目でプロテクションのグリッドを解除し、逆に何が来ても「受容」しよう。そして、自分はもっと明るく光を感じる夢を見たい。絶対的な守護神が笑わせてくれる、と思いを込めて、四隅に設置するクリスタルも、その意図に合ったクリスタルに替えて、グリッドの修正をしたら、まったく来なくなりました。それどころか、その日から、とても心地よく寝られるようになりました。

意図をかけるというのは、恐れや不安からではなく、希望側に1％でも多く、振り切っているエネルギーのほうが絶対いいんです。

常に、この世界は私がどのように感じ、どうしたいかを明確に持つ意思が決めます。

少しでも希望に傾けよう！

割れることもクリスタルの意図

クリスタルを落とすことだったり、割れることも、じつはそのタイミングをクリスタルは意図しているのかもしれません。良い悪いじゃなくて、さらなるステージとか、何かを気付かせるサインだったり、何かのタイミングだったりするということです。

私の事例を話すと、一つは前章でも話したように、クリスタルとより深く密接になるタイミングをクリスタルが与えてくれた感じがするんです。

手から離して落としてしまい、欠けてしまった！　その後に一緒にお風呂に入って、裸の付き合いが始まった……とか（笑）。

また、2回目に買ったアメジストを握って、婚姻届を出しに行ったときのこと。婚姻届を出して、「あー、これで夫婦だね」って証人になってもらいたくて、提出した後、ポケットに手を入れてみると、ポケットに忍ばせていたアメジストが、真っ二つに割れていたんです！　きれいにパキーンって！　真っ二つに！

「なんで割れるの～」と一瞬がっかりした気分になりました。

けれどすぐにわかりました。

割れることはネガティブに捉えがちですが、「さらなるステージなんだ！　まさにこれから二人で人生を寄り添い共に生きるんだよ」って伝えてくれているのだと直感したんです。

新たなスタートなんだなということが、私たちは腑(ふ)に落ちたんです。

同じような現象が起こったとしても、違うエネルギーを感じる人もいらっしゃるでしょうが、これは、本当に捉える気持ち次第であり、「軸は自分」つまり、あなた次第なんです。

私は、どう捉えるか、どう感じるか、どうエネルギーを循環させるのか。

それをクリスタルと共に楽しみながらできたらと、日々、思っています。

共鳴していたら、起きることすべてに意味がある

クリスタルと共鳴すると奇跡を目撃する

パートナーのＬＩＣＡちゃんと一緒にいたときのことです。

まるで、「こっちだよ、こっちだよ」と言われているような……めっちゃくちゃ光っているローズクォーツに出会いました。

手に取ってみると、目が合った感じがして、話しかけました。

私「一緒にうちに来る？（笑）」

ローズクォーツ「いいよ」

と間髪入れずに、私の心の中で響きました。

これは一期一会だと思い、連れて帰り、フーテンの寅さんのように、革の小さな袋にその子を入れて、首から下げ、ずーっと時間を共にしていました。寝るときも、お風呂に入るときも、仕事をするときも……。

そして、瞑想するときはそのローズクォーツを握っていました。

当時は、神棚の和室があり、その場所を瞑想部屋として使っていたのですが、1ヶ月ほどしたとき、いつものように瞑想をしていたのです。神棚の前で……。

そして、集中し深呼吸をして1分後くらいでしょうか、突然、思考がなくなり真っ白の世界になり……歓喜の感情が湧いてきたんです。そして、泉のように涙が溢れてきたんです。すると、突然、左の上の方から薄いピンクの光が入ってきたと思ったら、バサーッて、大きな大きな羽が揺らぎ、天使が舞い降りてきたんです。はっきりと、大きな羽でハグされたんです。

言葉にできないほどの、歓喜です。

感情もこれほど幸せなことを感じたことがないほど、気分がものすごく愛と感謝の中に光が見出されているような……そんな感覚なんです。

ありがとうと、心から感謝し……瞑想を終えて……。

ローズクォーツを握りながら、私は今までに、経験したことのないほど、顔がぐしゃぐしゃで、号泣していました。

放心状態で、そのまま10分ほど呆然としながら、これが歓喜というものなんだ……と、心から知ったんです。

そして、神棚の前で、この天使の体験ができたことを重ねて感謝しました。

そのあと、ぽろっと「天使って本当にいたんだ！」と言っちゃっていました（笑）。

パートナーのＬＩＣＡちゃんは天使、天使って言うけれど、私にとっては初めての体験でしたから。

こういう存在がいるって確信した瞬間です。

このような奇跡のような出来事にもたくさん巡り合うようになります。

奇跡はあなたのすぐそばにある

人生が加速度的に変わってくる

ローズクォーツとの出会いから、私は毎日首から下げて、常に、胸元で握りしめ、何かあるたびに感じること、沸き起こる思いを伝え続けていました。

その後に、たくさんの夢を見たり、写真にオーブがたくさん映るようになったり、光の写真が撮れるようになりました。

まさかの天使との遭遇もあって、いろいろなものを見せられるようになったんです。

常識的な観点での思考では、考えられないほどの世界ですが、本当にこれは、私の五感や六感のセンサーを通して心に捉え感じたことから、すべてが始まっています。

それを疑うのでもなく、否定するのでもなく、比較するのでもなく、すべて一度、心で捉えたものを許容しようとしているからなのです。

それからというものたくさんのクリスタルたちが、私の周りに集まりだし、たくさんの出会いがあり、そのクリスタルたちを使って、クリスタルグリッド（クリスタルを使ったエネルギースポット）を自宅の中のさまざまな場所に私の思いを込めて並べて創り、その場所から、私の意識が広がっていくイメージをしてから、たくさんの人生シナリオが動きだしました。

まさに、エネルギーの流れが拡張していくように、衝動が沸き起こり、その衝動に従って行動するようになり、写真集を出版したり、パートナーと共著で本を出したり、セミナーやイベントを実施したり、クリエイションラボを設立したり、思いを加速度的に実現してきました。

「地球遊園地を楽しむ」というのは私たちのモットーですが、それはクリスタルと共に在ることで、より実現しやすいのだ、と確信しています。

この本を最後の章まで読んでいただいたということは、きっとこれからもクリスタルを手にすることでしょう。

その際には、この本に書いてあるワークをぜひ、やってみてください。
きっと、あなたの前に現れたクリスタルは、運命の出会いとして現れてくれています。
そのクリスタルのエネルギーと、あなたの内側に沸き起こる精神性が重なったとき、その秘められた力が働きだし、魔法のような人生を楽しむことになるでしょう。

クリスタルを持つとき、どんな意思を持って仲良くするか、クリスタルを手にしたときに湧いてきた感覚を知って信頼してください。
そして、その信頼した自分の感じる気持ちを、この現実に言葉にし、行動に移し、たくさんのことを試してみてください。

きっと、無限の可能性が広がって、楽しくて、笑って、歓喜するほどクリスタルと仲良くなれる人生を共にしていることでしょう。

私は現在、不定期ですが、ストーンワークショップを開催しております。

そこでは、ワークを中心にエネルギーの流れや、クリスタルグリッドの創り方も伝えています。

クリスタルが好き！　興味があると感じている方は、タイミングが合ったときには、ぜひお会いしましょう。

今までにない、まったく新しい魔法のような世界を知ることでしょう。

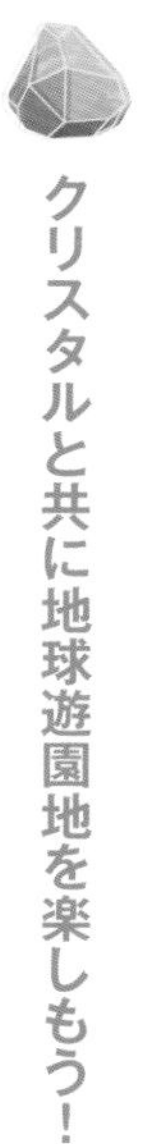

クリスタルと共に地球遊園地を楽しもう！

最後に私の大好きなクリスタルからのメッセージを、パートナーのＬＩＣＡちゃん
協力の下、お届けします。

アメジスト

◆

Amethyst

私は、揺らめきの中の指針
道をはばむ雲を消し
本来の道へと導きます。
夢にあなたの元へとメッセージを伝えます。
遠くはるか昔より　伝えられてきた私たちの
光は導きの過程をも
魂の成長へとつなげるのです。
まさに、ありのままの魂への指針として
ざわめく心を澄みわたらせ
ありとあらゆる感覚を
光を近づける
それらが我らのエネルギーなのです。

トライゴニック

◆

Trigonic

幾重にも重なるエネルギー。
幾重にも幾重にも重なるエネルギー。
そこは大きな大きな砂漠。
その中央にある深い深い湖…
その中心にエネルギーの層があり、
そこから波紋がいくつもいくつも広がる。
私は太古のエネルギーそのもの。
深き重い水のエネルギーそのもの。
砂漠の水は、
深くとても澄んでいることをご存知か?
迷ったとき、道を見失ったとき、
もう、自分のエネルギーが、
強く照る太陽で砂漠に枯れ果てたとき…
私のエネルギーは発動する。
そのときにあなたの心のオアシスとなる。

シトリン

◆

Citrine

あなたの末端の感触が
今痺（しび）れと共に活性化しようとしています。

手足、指先…そしてエネルギーの流れの先。

その拡張が
この石をイメージすることで活性化するのです。

この石を持って深く深呼吸をしてください。

エネルギーの循環が起こり、
末端まで流れ、
物質的側面にまで流れ拡張することでしょう。
期待してください。

希望を望んでください。

この石と共に、願望が叶う時が来ています。

ハーキマーダイヤモンド

◆

Herkimer Diamond

〝クレセントイブ〟

私は誇り高い群生。

すべてを蹴散らし、真実に迫る剣。

私は持つ者の心を研ぎ澄まし、

直感を立たせ、私と共に在る感覚まで導きます。

私は最高の護り石。

あなたのエネルギーは私と共に高くうねりを上げ、

クリアーになった智恵を生かす

機会に恵まれるだろう。

私は真実の鍵。

持つ者の真実へと導く鍵となるのです。

アクアマリン
◆
Aquamarine

私はアクア、私は風に乗り、風に注ぐ揺らめく水。
私は揺らめく水。
揺らめきなのです。
私はハートのブロックやバリアを壊します。
ゆっくりと浸透し、内側から壊します。
あなた方の本来の中心性へ
ゆっくりと導くのです。
揺らめきは一定です。
そして待つこと、眺めること、たゆたうこと。
私に時間は必要ありません。
たゆたい、流れ、揺らめくのです。
落ち着く、リラックスさせる、本来の振動数に戻す。
深いものへと、真理に導く、
優しい揺らめきなのです。

ロードクロサイト

◆

Rhodochrosite

私は愛。
私は隣人。
私は希望のかけら。
私は天を走る馬。
私は太陽の雫。
私の役割は支えること。
献身。
恐れへの慈愛。
希望への扉。
私はささやく。
あなたのハートに…直接ささやくのです。
私をハートに当てなさい。
私を喉に当てなさい。
私を握りしめなさい。
私はハートの使者。

アズライト

◆

Azurite

私は深く尊敬された（燻（いぶ）された）青。

あなた方のコミュニケーター。

私は雄弁です。

どのようなものにも変化する。

私はあなた方と共に描き、想像し、
コミュニケーションをとる。

私はあなた方にはなくてはならない創造の源、
そして使い手。

あなた方は変化するということへの意味と意識が必要。

私はそれを導く。

水のように変化すること。

私は多く語りかける。

あなた方の左耳とつながる。

あなた方はまるで水辺に浮かぶ蓮（はす）のよう。

美しく清らかで尊い。

水はコミュニケーションの担い手。
私と似ているのです。

さあ、私を使いなさい。
楽しく美しく創造しよう。

レインボークォーツ

◆

Rainbow Quartz

満たされた心に水平なる橋を架ける。
見つめ合うエネルギーの果て、
繰り返される疑問と答え、
交わる心と心、美しく澄んだ瞳とその光、
とめどなく流れる涙と笑顔、
すべてに橋を架けます。
クリアーなエネルギーで
それはとても強く神々しいエネルギーです。
虹の橋をあなたの心に架けましょう。
私の中の虹の架け橋を見てください。
常に眺めてください。
私と共に在るとき、
虹の架け橋があなたの心にも架かります。
すべてをつなぐ虹の架け橋です。

ラピスラズリ

◆

Lapis Lazuli

創造の宇宙。

響き渡る音。

宇宙に届く祈りと願い。

太古の昔より私は人間と共に在った。

人間は私たちをさまざまな智恵と勇気と
行動によって使用した。

私たちは目となり、道となり、
絵画となり、薬となり、

風を用いた予言となり、幸福の証となり、
創造への導き手となった。

より深く自分を愛し、律し、努めることに導いた。

私は創造の主となるあなたを導くのです。

新たな宇宙のエネルギーを持ち手へと投射します。

私を誇りに思い、私を連れていくのです。

私と共に感じ、
私を創造の担い手だと知ってください。

私は最大限、あなたの才覚を引き出すでしょう。

私を尊ぶ、
そして同じく持ち手を尊ぶことを申し入れます。

スモーキークォーツ

◆

Smoky Quartz

さらに深くつながるために使ってください。
あなたの心の闇を叩き切り、
あなたの心の煙を明らかにし、
すばやく、本来の魂の資質へと導きます。
私は古来より力ある人々と共に在りました。
私を握り、そして闇や煙を断ち切るのです。
なんと美しく、晴れた光の中で、
神々しく輝くあなた自身を目にし、
感じることでしょう。
曲がりくねった一本道の先には輝きの塔が
建っていて、その後ろには光が射しています。
その塔の真上には、月と太陽が一つになった
明星が在り、魂を導くことでしょう。
それそのものが私の役割であり、
地球に存在する理由なのです。
私を握り、見つめ、額に当て、
共に思い出してください。

ラブラドライト

◆

Labradorite

悠久の大地に転がるようにして、
私たちは成長してきたのです。

夕日に見る空の色々、

また、時と共に在る大地の水…

それらが深い地の中で
光のダンスに溶け入るのです。

ざわつく心を静めます。

それは何と色のない、失った心か…

一筋の光は、心の奥底へと届き、
色とりどりの光を発し…
また反射することでしょう。

心の静けさを取り戻し、正当な心の、
色とりどりの生まれし光を導きます。

それは私を持つ人の魂の色です。

ざわつきを抑え、色を取り戻し、反射させ輝く、
それが大地と太陽の関係です。

ファントムクォーツ

◆

Phantom Quartz

我が創り賜うものは、予定への変換。
変換の中の気づき。
山を登ることで気づく過ちや真理…
創造は感情のエネルギー。
登ることと下ることは同じなのです。
私を見つめ私の中の
はるか遠い永遠の山々へと登ってください。
それはまだ見ぬ道なる希望、
望みの山との交信となるでしょう。
安心して希望の山々を、
あなたの内側の希望や願望の山々へと
つなげてください。
我らは案内役。
そのすべての永遠のエネルギーのように。

ローズクォーツ

◆

Rose Quartz

私の役割は愛です。
炎の中で揺らめくあの美しいエネルギー。
それこそが私の持つ愛なのです。
愛とは不変で、強く、神々しいエネルギー。
揺らめき、消え、また現れるエネルギー。
それが私の愛なのです。
私を持つ者へ私は愛の深さ、
ためらい、そして力強さを目覚めさせ
そして物語を紡ぐのです。
私の愛は永遠にあなたの心へと浸透します。
持つ者の心へと浸透するのです。
私は地下深く静まり返った場で水の滴りと共に
存在し、映し出す思いの石。
深くつながることを望む者は私を持ちなさい。
握って感じなさい。
私の深い愛の泉を。

おわりに Conclusion

私たちの心の中は、沸き起こって感じて感情で味わえる世界！

心で信じて見ている世界こそ、私たちが感じられる世界。

私たちの創造する世界観は、私たちの心の中で起きて感じて感情で味わえる。

信じることができないのであれば、自分が心で信じられる世界観を創ればいい。

目に見えるものだけで判断・批判し、自分のパターンに当てはめて捉えるのではなく

目を閉じて。

心の目で、創りたい世界を描いて創ればいい。

私たちの心の中はすべてを受け止め、満たされた世界を味わう経験をしているんだから。

私が私を信じて楽しめばいい。

それだけなんだよ。

愛と感謝と光を込めて

FUMITO

SPECIALTHANKS：LICA

※
※
※

DESIGN：冨澤崇
ILLUSTRATION：森海里

FUMITO

クリエイティブプロデューサー。空間演出家。写真家。パラレルアース(株)代表。東北の神社の家系に生まれ、自身も國學院大學にて神職の資格を得て、神職としても活躍。また、幼少のころから「共感覚」という知覚により、見えないものに対する鋭い感覚を持ち成長する。

現在は、ファッション、コスメブランドなどのパーティーやショーなどの空間演出家、イベントプロデューサーとして数々の企業イベントを手がけている。

同時に、東日本大震災をきっかけに、たくさんのメッセージを受け取り、すべては愛と感謝と光であると体感。それ以降、パートナーのLICAと共にワークショップ、スクール、執筆活動を行っている。

著書に、ベストセラーとなった『幸運を呼びこむ不思議な写真』『もっと幸運を呼びこむ不思議な写真』『幸運を呼びこむ不思議な写真 GOLD』（ともにサンマーク出版）、『人生が輝く！ 幸運の写真』（KADOKAWA）、『ほんとうの自分が目覚める！ 月の習慣』（徳間書店）などがある。

FUMITO & LICA オフィシャルブログ「地球遊園地を楽しもう！」
ameblo.jp/parallel-earth/

クリスタルと仲良くなる方法

第1刷　　2020年2月22日

著　者　　FUMITO
発行者　　平野健一
発行所　　株式会社徳間書店
〒141-8202　東京都品川区上大崎3-1-1
目黒セントラルスクエア
電話 編集(03)5403-4344　販売(049)293-5521
振替 00140-0-44392
印刷・製本　図書印刷株式会社

ISBN978-4-19-864992-0